LE MYCELIUM POUR LES NULS

Le mycélium de pleurote est un réseau de filaments microscopiques qui constitue la partie végétative du champignon Pleurotus.

C'est la partie du champignon qui se développe sous terre ou à l'intérieur d'un substrat organique, comme du bois ou des débris végétaux, et qui lui permet de se nourrir et de se reproduire.

Le mycélium de pleurote est constitué de filaments blancs, fins et ramifiés, appelés hyphes, qui s'étendent à travers le substrat.

Ces hyphes produisent des enzymes qui décomposent la matière organique environnante, la transformant en nutriments que le champignon peut absorber.

Lorsque les conditions sont favorables, le mycélium de pleurote peut produire des fructifications, appelées pleurotes, qui émergent de la surface du substrat.

Ces pleurotes sont les parties que nous consommons en tant que champignons comestibles.

Voici les étapes pour créer du mycélium de pleurote :

Obtenez une culture de départ : Vous pouvez acheter une culture de départ de pleurote auprès d'un fournisseur de champignons en ligne ou dans une pépinière spécialisée. Vous pouvez également récupérer du mycélium à partir de champignons frais de pleurote en enlevant délicatement les lamelles sous le chapeau et en les plaçant sur un milieu nutritif stérilisé.

Préparez le substrat : Le substrat pour la culture de pleurote doit être composé de matériaux riches en cellulose, comme des copeaux de bois, de la paille ou des feuilles. Le substrat doit être stérilisé pour éviter toute contamination bactérienne ou fongique concurrente qui pourrait nuire à la croissance du mycélium de pleurote.

Inoculez le substrat : Une fois que le substrat a refroidi, vous pouvez inoculer le substrat avec la culture de départ ou le mycélium récupéré en l'étalant uniformément sur la surface du substrat.

Incubez le substrat : Le substrat inoculé doit être placé dans un endroit chaud et humide pour permettre la croissance du mycélium de pleurote. Idéalement, la température devrait être d'environ 20-25°C et l'humidité d'environ 70%.

Attendre la colonisation : Le mycélium de pleurote va commencer à se développer et à coloniser le substrat. Cela peut prendre de quelques semaines à quelques mois, selon les conditions de croissance.

<u>Faites fructifier le mycélium :</u> Lorsque le substrat est complètement colonisé par le mycélium, vous pouvez encourager la fructification des pleurotes en plaçant le substrat dans un endroit frais et sombre et en le pulvérisant régulièrement avec de l'eau. Les pleurotes devraient commencer à émerger du substrat en quelques semaines.

Notez que la culture de champignons est une activité délicate et que le succès dépendra de nombreux facteurs tels que la qualité de la culture de départ, la qualité du substrat, les conditions de croissance, etc. Il est recommandé de se renseigner davantage sur la culture de pleurote avant de se lancer dans cette activité.

Vous pouvez obtenir une culture de mycélium de pleurote de départ auprès de fournisseurs en ligne ou dans des pépinières spécialisées dans la culture de champignons. Il existe également des kits de culture de pleurote disponibles en ligne ou dans certains magasins de jardinage.

Lorsque vous achetez une culture de départ, assurez-vous qu'elle est saine et exempte de toute contamination fongique ou bactérienne.

Vous pouvez également récupérer votre propre culture de départ en prélevant du mycélium à partir de champignons frais de pleurote en enlevant délicatement les lamelles sous le chapeau et en les plaçant sur un milieu nutritif stérilisé.

Cependant, la récupération de mycélium à partir de champignons frais est plus difficile et risquée que l'achat d'une culture de départ de qualité.

Il est également important de choisir une souche de pleurote adaptée aux conditions de croissance disponibles.

Par exemple, certaines souches de pleurote sont mieux adaptées à la culture en intérieur, tandis que d'autres sont mieux adaptées à la culture en extérieur.

Assurez-vous de choisir une souche qui convient à votre environnement de culture.

Enfin, il est important de suivre les instructions du fournisseur ou de la pépinière en matière de stockage et de manipulation de la culture de départ pour assurer sa survie et sa qualité.

La préparation du substrat est une étape importante dans la culture du mycélium de pleurote.

Voici les étapes de base pour préparer un substrat pour la culture de pleurote :

Choisissez le matériau du substrat : Les pleurotes se nourrissent de matières riches en cellulose, comme les copeaux de bois, la paille, les feuilles ou les sciures.

Vous pouvez choisir le matériau qui convient le mieux à votre situation.

Les copeaux de bois frais sont un choix populaire car ils sont facilement disponibles et peu coûteux.

Préparez le substrat : Le substrat doit être stérilisé pour tuer toutes les bactéries ou les champignons concurrents qui pourraient entraver la croissance du mycélium de pleurote.

Pour stériliser le substrat, vous pouvez le faire bouillir pendant plusieurs heures, le chauffer dans un four à 100-120°C pendant plusieurs heures ou utiliser un autoclave pour le stériliser à haute pression.

Vous pouvez également ajouter des ingrédients supplémentaires pour améliorer la nutrition du substrat, comme de la farine de soja, du son de blé ou de la levure.

Humidifiez le substrat : Le substrat doit être humidifié pour permettre la croissance du mycélium de pleurote.

Vous pouvez ajouter de l'eau au substrat avant ou après la stérilisation.

La quantité d'eau ajoutée dépendra du matériau du substrat, de l'humidité relative de l'environnement et d'autres facteurs.

Refroidissez le substrat : Le substrat doit être refroidi à température ambiante avant d'inoculer le mycélium de pleurote.

Une fois que le substrat est prêt, vous pouvez inoculer le substrat avec la culture de départ ou le mycélium récupéré.

Vous pouvez également ajouter une couche de matériau de couverture, comme de la paille ou du foin, sur la surface du substrat pour aider à maintenir l'humidité et à favoriser la croissance du mycélium.

L'inoculation du substrat est l'étape où le mycélium de pleurote est introduit dans le substrat pour commencer à coloniser le matériau.

<u>Voici les étapes pour inoculer le substrat avec du mycélium de pleurote :</u>

<u>Préparez l'espace de travail :</u> Assurez-vous que l'espace de travail est propre et stérile.

Vous pouvez utiliser un désinfectant pour nettoyer la surface de travail et tout autre équipement que vous allez utiliser.

 Il est recommandé de travailler dans une pièce propre et bien ventilée.

<u>Préparez le mycélium :</u> Si vous utilisez une culture de départ, retirez une petite quantité de mycélium de la culture et placez-la sur une surface propre.

Vous pouvez également utiliser du mycélium récupéré à partir de champignons frais, en suivant les étapes appropriées pour le transférer sur un milieu de culture stérile.

<u>Inoculez le substrat :</u> Utilisez des gants propres pour manipuler le substrat et le mycélium.

Insérez le mycélium dans le substrat en répartissant uniformément les grains ou morceaux de mycélium sur le substrat.

Vous pouvez mélanger le mycélium avec le substrat à l'aide d'un outil propre et stérile, ou le laisser en surface.

Fermez le contenant : Fermez le contenant hermétiquement pour empêcher les contaminants de pénétrer dans le substrat.

Vous pouvez percer quelques trous dans le couvercle ou la partie supérieure du sac pour permettre une circulation d'air adéquate.

Incubez le substrat : Placez le substrat inoculé dans un endroit chaud et sombre avec une température comprise entre 20-25°C.

 Le mycélium va commencer à coloniser le substrat et former des filaments blancs.

Cela peut prendre de quelques jours à plusieurs semaines, selon la souche de pleurote utilisée.

Surveillez la croissance du mycélium : Surveillez la croissance du mycélium pour vous assurer qu'il colonise le substrat de manière uniforme.

Si vous remarquez des zones de croissance faible ou des signes de contamination, retirez-les immédiatement pour éviter une contamination plus importante.

Préparez le substrat pour la fructification : Lorsque le substrat est complètement colonisé par le mycélium, vous pouvez préparer le substrat pour la fructification en ajoutant une couche de matériau de couverture et en ajustant les conditions environnementales pour favoriser la formation de champignons.

L'incubation du substrat est l'étape où le mycélium se développe dans le substrat jusqu'à ce qu'il soit complètement colonisé.

Cette étape est essentielle pour préparer le substrat pour la fructification des champignons.

Voici les étapes pour incuber le substrat :

Placez le substrat inoculé dans un endroit chaud et sombre avec une température comprise entre 20-25°C.

Vous pouvez placer le substrat dans un sac en plastique ou un conteneur hermétique pour garder l'humidité à l'intérieur.

Surveillez la croissance du mycélium.

Après quelques jours, vous devriez voir des filaments blancs se propager à partir des points d'inoculation.

Au fil du temps, le mycélium devrait se répandre dans tout le substrat jusqu'à ce qu'il soit complètement colonisé.

Assurez-vous que les conditions environnementales sont optimales.

Pendant l'incubation, il est important de maintenir une température et une humidité constantes.

Vous pouvez utiliser un thermomètre et un hygromètre pour surveiller les conditions de croissance.

Si l'air est trop sec, vous pouvez ajouter un peu d'eau pour augmenter l'humidité.

Si la température est trop élevée, vous pouvez déplacer le substrat dans un endroit plus frais.

Évitez les contaminants.

Pendant l'incubation, il est important de maintenir le substrat à l'abri des contaminants, tels que les bactéries et les moisissures.

Assurez-vous de travailler dans un environnement propre et stérile, et surveillez régulièrement le substrat pour détecter les signes de contamination.

Attendez que le substrat soit complètement colonisé. Selon la souche de pleurote utilisée, cela peut prendre de quelques jours à plusieurs semaines. Une fois que le substrat est complètement colonisé, vous pouvez préparer le substrat pour la fructification en ajoutant une couche de matériau de couverture et en ajustant les conditions environnementales pour favoriser la formation de champignons.

Oui, il est important d'attendre que le substrat soit complètement colonisé avant de procéder à la fructification des champignons. La colonisation complète garantit que le substrat est bien préparé pour produire des champignons sains et vigoureux.

Pendant l'attente de la colonisation, il est important de maintenir le substrat dans des conditions optimales de température et d'humidité pour favoriser la croissance du mycélium et éviter les contaminations.

Il est également important de surveiller régulièrement le substrat pour détecter les signes de contamination ou de problèmes éventuels.

Le temps nécessaire à la colonisation dépendra de nombreux facteurs, tels que la souche de pleurote utilisée, la température, l'humidité, la qualité du substrat, etc.

En général, cela peut prendre de quelques jours à plusieurs semaines. Il est important de ne pas précipiter le processus de colonisation et de s'assurer que le substrat est entièrement colonisé avant de passer à l'étape suivante.

Une fois que le substrat est complètement colonisé, vous pouvez préparer le substrat pour la fructification des champignons.

<u>Voici les étapes à suivre pour faire fructifier le mycélium :</u>

Préparez le substrat pour la fructification en ajoutant une couche de matériau de couverture sur le dessus du substrat.

Le matériau de couverture peut être de la paille, du foin, de la sciure de bois, ou tout autre matériau riche en nutriments.

La couche de matériau de couverture devrait avoir une épaisseur d'environ 5 cm.

Assurez-vous que les conditions environnementales sont optimales pour la fructification des champignons.

Les champignons Pleurotus préfèrent une température de fructification de 20-25°C et une humidité relative de 80-90 %.

Vous pouvez utiliser un humidificateur ou vaporiser de l'eau sur la couverture pour maintenir une humidité élevée.

Faites des trous dans la couverture pour permettre aux champignons de pousser.

Les trous devraient avoir une taille d'environ 2-3 cm de diamètre et être espacés d'environ 10 cm les uns des autres.

Placez le substrat dans un endroit lumineux, mais indirectement exposé à la lumière du soleil.

Les champignons ont besoin de lumière pour se développer, mais une exposition directe au soleil peut dessécher le substrat et nuire à la croissance des champignons.

Attendez que les champignons poussent.

Environ une semaine après la préparation du substrat pour la fructification, vous devriez commencer à voir des champignons pousser à travers les trous dans la couverture.

Les champignons devraient être récoltés dès qu'ils ont atteint une taille convenable pour la consommation.

Il est important de surveiller régulièrement les conditions environnementales et de maintenir une bonne hygiène pour éviter les contaminations.

Les champignons Pleurotus ont un temps de récolte relativement court, donc il est important de les récolter dès qu'ils sont prêts pour éviter qu'ils ne deviennent trop mûrs et amers.

Il existe plusieurs recettes de substrats pour cultiver des pleurotes, mais voici quelques exemples :

Substrat à base de paille :
Mélangez 5 parties de paille avec 1 partie de son de blé.
Trempez le mélange dans de l'eau chaude pendant 1 à 2 heures, puis égouttez-le.
Stérilisez le substrat dans un autoclave à une pression de 15 psi pendant 2 heures.

Inoculez le substrat avec du mycélium de pleurote.
Substrat à base de bois :

Mélangez 5 parties de sciure de bois avec 1 partie de son de blé ou de farine de maïs.
Ajoutez de l'eau pour humidifier le mélange jusqu'à ce qu'il atteigne une humidité de 60-70%.
Stérilisez le substrat dans un autoclave à une pression de 15 psi pendant 2 heures.

Inoculez le substrat avec du mycélium de pleurote.
Substrat à base de carton :

Découpez du carton en petits morceaux et mélangez-le avec de la poudre de son de blé ou de la farine de maïs dans un rapport de 2:1.

Ajoutez de l'eau pour humidifier le mélange jusqu'à ce qu'il atteigne une humidité de 60-70%. Stérilisez le substrat dans un autoclave à une pression de 15 psi pendant 2 heures.

Inoculez le substrat avec du mycélium de pleurote.

Il est important de stériliser le substrat pour éliminer toutes les bactéries, les moisissures et autres organismes concurrents qui pourraient empêcher la croissance du mycélium de pleurote.

La culture de mycélium de morille est considérée comme difficile et capricieuse, car la morille est un champignon complexe avec des exigences particulières en matière de substrat et de conditions de croissance.

Préparez un substrat adapté à la morille.

Les morilles ont tendance à pousser dans un substrat riche en matière organique, comme la sciure de bois, la paille ou le compost.

 Il est important de stériliser le substrat pour éliminer les bactéries et les autres organismes qui pourraient empêcher la croissance du mycélium de morille.

Obtenez une souche de morille.

Il peut être difficile de trouver des spores ou des cultures de morille de haute qualité.

Vous pouvez essayer d'obtenir des cultures auprès de fournisseurs spécialisés ou de rechercher des morilles dans la nature et d'isoler le mycélium de la fructification.

Inoculez le substrat avec le mycélium de morille. Vous pouvez utiliser différentes techniques pour inoculer le substrat, telles que l'injection de spores, la diffusion de spores sur la surface du substrat, ou l'ajout de fragments de mycélium à partir d'une culture en croissance.

Incubez le substrat à une température appropriée pour la morille.

Les morilles ont besoin de températures relativement basses pour se développer, généralement autour de 10-15°C.

Vous pouvez utiliser un réfrigérateur ou une chambre de culture pour maintenir une température constante et une humidité élevée.

Attendez que le mycélium se développe.

Les morilles peuvent prendre plusieurs semaines à plusieurs mois pour coloniser complètement le substrat.

Il est important de surveiller régulièrement le substrat pour détecter toute contamination et maintenir des conditions appropriées pour la croissance du mycélium.

Préparez un substrat de fructification.

Une fois que le mycélium a colonisé complètement le substrat, vous pouvez préparer un substrat de fructification en ajoutant des nutriments supplémentaires pour stimuler la croissance des champignons.

Transférez le mycélium au substrat de fructification et attendez que les morilles poussent.

Les morilles peuvent prendre plusieurs semaines à pousser, et il est important de maintenir des conditions appropriées, y compris une température fraîche et une humidité élevée.

Notez que la culture de mycélium de morille peut être complexe et requiert une expertise et une expérience considérables.

Il est recommandé de faire des recherches approfondies et de consulter des professionnels pour obtenir de l'aide avant de tenter de cultiver des morilles.

Voici les étapes générales pour cultiver le champignon de Paris :

Préparation du substrat : Le champignon de Paris peut être cultivé sur une variété de substrats, tels que la paille, le fumier composté, la sciure de bois, ou une combinaison de ces matériaux.

Le substrat doit être pasteurisé ou stérilisé pour tuer les bactéries et les autres micro-organismes indésirables qui pourraient concurrencer la croissance du champignon.

Inoculation du substrat : Après la pasteurisation ou la stérilisation, le substrat est refroidi et inoculé avec une souche de mycélium de champignon de Paris. Vous pouvez acheter une souche de mycélium auprès de fournisseurs spécialisés ou utiliser une culture maison.

L'inoculation peut se faire en mélangeant les spores ou les fragments de mycélium avec le substrat, ou en ajoutant une couche de substrat inoculé sur une couche non inoculée.

Incubation : Le substrat inoculé est placé dans un environnement humide et à une température appropriée pour le champignon de Paris, généralement entre 20 et 25°C.

Pendant cette période, le mycélium se développe et colonise le substrat.

Pinçage : Après que le mycélium a colonisé complètement le substrat, vous pouvez stimuler la fructification en effectuant une technique appelée "pinçage".

Il s'agit d'enlever une partie de la couche supérieure du substrat pour exposer le mycélium à l'air, ce qui stimule la formation de bourgeons et de champignons.

Fructification : Les champignons de Paris commencent à pousser à partir des bourgeons formés lors du pinçage. Ils poussent rapidement et doivent être récoltés lorsqu'ils atteignent la taille souhaitée, avant que les chapeaux ne s'ouvrent complètement et que les lamelles ne noircissent.

Entretien : Pendant la culture du champignon de Paris, il est important de maintenir des conditions appropriées, y compris une température et une humidité constantes, une bonne ventilation, et des pratiques de gestion appropriées pour éviter les maladies et les contaminations.

Notez que la culture du champignon de Paris peut être un processus complexe qui nécessite une attention constante et une expérience considérable. Il est recommandé de faire des recherches approfondies et de consulter des professionnels pour obtenir de l'aide avant de tenter de cultiver des champignons de Paris.

La culture des cèpes de paille est une technique de culture de champignons relativement simple qui peut être réalisée avec un peu de matériel et de connaissances.

Voici les étapes générales pour cultiver des cèpes de paille :

Préparation du substrat : Tout d'abord, vous devez préparer le substrat en utilisant de la paille de blé ou d'orge.

 La paille doit être hachée en morceaux de 2-3 cm et stérilisée à la vapeur pour tuer les bactéries et les autres micro-organismes indésirables.

Inoculation du substrat : Après la stérilisation, la paille doit être refroidie et inoculée avec des spores ou des fragments de mycélium de cèpe.

Vous pouvez acheter une souche de mycélium auprès de fournisseurs spécialisés ou utiliser une culture maison.

L'inoculation peut se faire en mélangeant les spores ou les fragments de mycélium avec la paille, ou en ajoutant une couche de paille inoculée sur une couche non inoculée.

Incubation : Le substrat inoculé est placé dans un sac en plastique percé de petits trous pour la circulation de l'air.

Le sac est placé dans un environnement humide et à une température appropriée pour le cèpe, généralement entre 20 et 25°C.

Pendant cette période, le mycélium se développe et colonise la paille.

Formation du corps de fructification : Lorsque le substrat est complètement colonisé par le mycélium, la formation du corps de fructification commence.

La paille peut être retirée du sac et placée dans une pièce sombre et humide pour stimuler la formation de bourgeons et de champignons.

Le corps de fructification apparaîtra généralement sous forme de petits boutons qui grossissent rapidement.

Récolte : Les champignons doivent être récoltés lorsqu'ils atteignent la taille souhaitée, avant que les chapeaux ne s'ouvrent complètement et que les lamelles ne noircissent.

Les cèpes peuvent être récoltés en les coupant à leur base avec un couteau tranchant.

Entretien : Pendant la culture des cèpes de paille, il est important de maintenir des conditions appropriées, y compris une température et une humidité constantes, une bonne ventilation, et des pratiques de gestion appropriées pour éviter les maladies et les contaminations.

Notez que la culture des cèpes de paille peut être un processus complexe qui nécessite une attention constante et une expérience considérable.

Il est recommandé de faire des recherches approfondies et de consulter des professionnels pour obtenir de l'aide avant de tenter de cultiver des cèpes de paille.

LE MYCELIUM POUR LES NULS

NICOLAS HAUSSY

© 2023 nicolas haussy
Édition : BoD - Books on Demand, info@bod.fr
Impression : BoD - Books on Demand, In de
Tarpen 42, Norderstedt (Allemagne)
Impression à la demande

ISBN : **978-2-3223-9599-6**
Dépôt légal : avril 2023